Zeit wird erst spürbar,
wenn sie stillsteht

AF139199

Bei Dir

Nun sitze ich endlich neben dir
Und etwas sitze ich auch neben mir
Etwas näher bei dir

Heinz-Theodor Gremme

Zeit wird erst spürbar,
wenn sie stillsteht

Gedichte über perfekte Augenblicke

*Bibliografische Information der Deutschen National-
bibliothek:*
*Die Deutsche Nationalbibliothek verzeichnet diese
Publikation in der Deutschen Nationalbibliografie;
detaillierte bibliografische Daten sind im Internet
über http://dnb.dnb.de abrufbar.*

© 2015 Heinz-Theodor Gremme

Umschlagbild: Heinz-Theodor Gremme

*Herstellung und Verlag: BoD – Books on Demand,
Norderstedt*

ISBN: 9783738616156

Inhaltsverzeichnis

Vorwort

Entstanden sind diese Gedichte in einem Zeitraum von fast 30 Jahren. Gedichte sind für mich sehr kurze Geschichten, die in wenigen Zeilen alles zum Ausdruck bringen wollen und müssen, was sie zu sagen haben. Das ist manchmal ganz einfach und manchmal unendlich schwer. Einfach ist es in perfekten Augenblicken, in denen alles klar vor einem liegt. Diese Momente sind selten und daher sehr kostbar. Sehr schwer ist es, wenn es keine Worte gibt für das, was man sagen will. Ist aber nicht der Dichter Erschaffer von Worten? Meine Gedichte entsprechen keiner bestimmten Form und sind deshalb vielleicht auch gar keine. Ich nehme mir Eigenheiten heraus: Jede Zeile beginnt mit einem Großbuchstaben und Satzzeichen kommen fast nicht vor. Auch drei kleine Ausschnitte aus Geschichten von mir werden Sie entdecken.

Meine verehrte und geschätzte Autorenkollegin Daria Lehner, die die Fähigkeit besitzt, an diese noch nicht erschaffenen Worte sehr nahe heranzukommen, schrieb einmal in einem Vorwort zu einer ihrer zauberhaften Geschichten:

> *„Es war der erste Versuch, andere Worte zu finden, jene Worte, die alles erschüttern."*
> (Daria Lehner)

Diesen Worten versuche ich mich nun anzuschließen. Gute Momente und ja, vielleicht sogar perfekte Augenblicke, das wünsche ich Ihnen von Herzen.

Ihr Theo Gremme im Oktober 2015

Zauber

Ein kleines warmes Zimmer

Kerzenlicht

Ein den Verstand lähmender Duft
Liegt in der Luft und auf der Haut

Deine Augen werden zu kleinen Schlitzen
Und funkeln geheimnisvoll

Elektrisch knisternde kleine Klangwirbel
Einer magischen Musik
Tanzen durch die Luft und unsere Köpfe

Ganz langsam werden unsere Bewegungen

Deine Hände berühren meine Haut
Und friedvolle Wärme durchströmt meine Seele

Draußen tobt ein gewaltiger Sturm
Regen und Hagelschauer trommeln an die Fenster
Und komponieren mit den Glockenschlägen
Der kleinen Kirche
In der wir eine Kerze anzündeten
Die Musik eines vollkommenen Augenblicks

Du flüsterst nur einen einzigen Zauberspruch
Und meine Hände gehorchen mir nicht mehr

Ohne sie bewegen zu können
Kommt dein alle Gedanken liebevoll
Tötender Zauber über mich

Nach unendlichen Stunden strahlt
Der volle Mond
Durch die sich auflösenden Wolken
In das kleine warme Zimmer
Auf der Insel im Meer
Der Erinnerung

Geborgenheit

Deine kleinen knisternden Bewegungen im Schlaf
Die warme Abendsonne wirft einen schmalen
Warmen Streifen auf deine nackte Haut
Friedvolle tiefe Atemzüge
Wie soll ich es nur beschreiben
Das Wort Geborgenheit

Zeit

Wenn ich bei dir bin
Sind die Naturgesetze aufgehoben
Zeit verliert ihre Bedeutung

Eine Stunde wird zu einer Minute
Ein Tag zu einer Stunde
Ein Jahr zu einem Tag
Ein Leben zu einem Augenblick

Ein Leben hat für uns nie gereicht
In deinen magisch grünen Augen
Spiegelt sich unter einem schwarzen Mond
Die Ewigkeit

Zufall?

Warum sind wir uns begegnet
Warum erst jetzt
Warum haben wir das sichere Gefühl
Uns schon Ewigkeiten zu kennen
Warum träume ich so oft von dir
Nicht nur nachts
Sondern gerade jetzt
Warum fühle ich mich so wohl
In deiner Nähe
Ich sehe in deine Augen
Und alle Fragen werden unwichtig
Friedvolle Wärme breitet sich aus
Und lässt das Außen
Für wundervolle Augenblicke
Versinken
Stilles Einvernehmen
Tiefes zärtliches Empfinden
Spüren
In der Wohnung der Seele
Nicht mehr allein zu sein
Lieben Besuch zu haben
Unbändige Wiedersehensfreude
Freudentränen
Der Wunsch ein Fest zu feiern

Was wohl geschieht

Was wohl geschieht
Wenn sich
Unsere Seelen berühren
Ganz behutsam
Sich gegenseitig achtend
Was wohl geschieht
Wenn wir
Ohne den Filter des Verstandes
Die Farben unserer Seelen
Leuchten sehen
Was wohl geschieht
Wenn wir bemerken
Dass wir gar nichts dagegen tun können
Wenn sich
Unsere Seelen besuchen
Und sich zärtlich wärmen
Ich schreibe diese Zeilen
Und habe heftiges Herzklopfen
Und bunte Gefühle
Der Neugierde
Der Vertrautheit
Der Zuneigung
Der Wärme

Seelenvögel

Nachts wenn die Menschen schlafen
Gehen sie auf die Reise
Riesige schwarze Vögel
Mit weiten Schwingen
Sie tragen behutsam die Seelen
Der schlafenden Menschen

Lautlos gleiten sie durch den Nachthimmel
Über Häuserschluchten Bäume und Gewässer
Getrieben von einer sehnsuchtsvollen Kraft
Der sie nicht widerstehen können

Jede Seele leuchtet
In einer ganz besonderen Farbe
Im Gefieder der schwarzen Nachtgleiter
Ein atemberaubendes Schauspiel
Sie sind auf der Suche

Wenn sich zwei Vögel begegnen
Deren Seelenfracht in der selben Farbe leuchtet
Dann umschließen sie sich zärtlich
Weiterhin in der Luft schwebend
Und beginnen strahlend weiß zu leuchten
Es ist das Licht des Sich Wiederfindens

Und auch genau in diesem Augenblick
Begegnen sich zwei dieser Seelenvögel
Hoch über einer Stadt mit vielen Lichtern
Und zwei Menschen werden einander Schicksal

Stille Verabredung

Immer wenn es in mir ganz still wird
Bist du auch da
So als hätten wir uns verabredet
Schweigend sehen wir uns an
Und wissen
Dass wir uns nicht verlieren können

Keine Worte

Wir stehen mitten in der belebten Fußgängerzone
Wir merken die Hektik um uns herum nicht
Kein Lärm dringt zu uns herein
Er kann gar nicht
Blicke verschmelzen
Wärme umhüllt uns
Zeit wird erst spürbar
Wenn sie stillsteht
Ein kleiner Hauch von Ewigkeit
Liebe in unseren Augen
Sekunden gebunden in Geborgenheit
Keine Worte die den Zauber brechen

Heile Welt

In deinen Armen
Lösen sich Gedanken auf
Bunte Planeten auf denen
Kleine Elefanten
Mit roten Herzchen auf der Haut wohnen
Ziehen vorbei
Dann wieder Raumschiffe
Mit bunten Häschen an Bord
Ganz bedächtig zieht ein Schwarm
Kleiner schwarzer Vögel
Mit gelb leuchtenden Schnäbeln
Hellen Augen
Und wilden Sturmfrisuren vorbei
Beruhigt drücke ich dich an mich
Die Welt ist doch noch in Ordnung

Süchtig

Meine Hände und Lippen
Schmerzen schrecklich
Ich glaube ich werde
Unheilbar krank
Nur du kennst
Die magische Medizin
Deine Wärme
Deine Haut
Deine Lippen
Du hast alles mit
Einem Zauber belegt

Ver-liebt

„Ich habe mich in dich verliebt"
Diesen Satz wirst du nie von mir hören
Denn ich mag es nicht
Das Wort VER-liebt
Es klingt so wie
Verlebt
Verkalkuliert
Versprochen
Verhört
So als wenn
Gleich zu Beginn einer Beziehung
Von einem Irrtum die Rede ist
„Ich liebe dich"
Diesen Satz wirst du nie von mir hören
Wir benutzen ihn in unserer Sprache
Oft gedankenlos oder als Pflichtübung
„Ich hab dich sehr lieb"
Vermag nicht auszudrücken was ich empfinde
Was also sage ich dir
Denn ich möchte dir gern sagen was ich empfinde
Ich glaube es ist unsagbar
Und trotzdem versuche ich
Worte zu finden

Wahrscheinlich werde ich sie dir doch sagen
Die drei kleinen magischen Worte
Nicht oft
Aber in Augenblicken in denen
Nur sie die Aufrichtigsten sind

Ob jemand bemerkt dass die letzten beiden Sätze
Erst viel später geschrieben wurden?

Augenblicke

Augenblicke können perfekt sein
Wenn du
In solchen Augenblicken
An deinem innersten Ort
Das Bewusstsein erlangst
Siehst du
Was wirklich geschieht

Gib niemals auf

Kämpfe um deine Liebe
Und gib niemals auf
Denn die Menschen werden dir
Deine Liebe niemals gönnen
Sie können es einfach nicht ertragen
Wenn du glücklich bist
Weil sie selbst unglücklich sind
Erst wenn du aufgibst
Lassen sie dir Ruhe
Denn dann
Bist du einer von ihnen

Die Seele eines Zauberers

Sei ganz vorsichtig
Wenn du dich in dein Bett kuschelst
Meine Seele hat sich da nämlich schon versteckt
Und wartet auf dich
Sie friert und braucht dringend deine Wärme
Nimm sie zärtlich in beide Hände
Streichle über ihre vielen Narben
Nur deine Hände können
Die Seele eines Zauberers heilen
Dann wärme sie
Mit deinem warmen Körper
Mit deiner Haut
Mit deinen Lippen

Sternenhimmel

Wir verabschieden uns zärtlich
Vor deiner Haustür
Ein süßer Schmerz
Zieht durch unsere Seelen
Sehnsucht schon jetzt
Gleichzeitig das Wissen
Einander nicht zu verlieren
Wir sehen hinauf
In einen klaren
Funkelnden Sternenhimmel
Und ein Hauch von Ewigkeit
Umweht uns
Ein sanfter Wind
Holt uns zurück
Wir sehen uns an
In deinen Augen leuchten
Alle Sterne des Himmels
In deinem Gesicht leuchtet
Die Schönheit
Der ganzen Schöpfung

Für unsere Liebe

Auf unserer Wanderung kamen wir
An einer kleinen Kirche vorbei
Wir gingen hinein
Friedvolle Stille
Wir betrachteten ruhig
Die bunten Kirchenfenster
In einer Ecke brannten viele Kerzen
Plötzlich hatten wir den gleichen Gedanken
Wir warfen eine Münze in den Kasten
Nahmen eine Kerze heraus
Zündeten sie an
Und stellten sie zu den anderen
Du sahst mich zärtlich an und sagtest
Mit warmer Stimme
„Für unsere Liebe"

Sekunde

Man müsste die Zeit anhalten
Um nur eine einzige Sekunde
Verstehen zu können

Grenzland

Manchmal gehört es dem Meer
Und dem Sturm
Manchmal den Vögeln, dem Wind
Und der Sonne
Manchmal
An besonderen Tagen
Gehört es den Sandteufeln
Den Meer- und Nebelgeistern
In besonderen Nächten
Gehört es den Traumgeistern
Des Grenzlandes
Die einen kurzen Blick
Auf das Wesentliche gestatten...
...Als Gastgeschenk

Licht

So wie das Sonnenlicht
Durch ein Prisma
Zum Regenbogen wird
Bunt und in unendlicher Verzauberung
So wird die Liebe
Zum Feuerwerk der Gefühle
Ohne zu enden

Kristalle

Eine warme, goldene Sonne
Am Abendhimmel
Ein kobaltblaues Meer
Orangeroter Sand
Leuchtend und unwirklich
Faustgroße, kristallklare Edelsteine
Auf dem Sand
Sie fühlen sich warm an
Und wirklich
Der Wecker erst
Lässt sie
Zu kobaltblauem Sand werden
Der warm durch die Finger rinnt

Sonne

Deine Augen leuchten
Warm und liebevoll
Wie goldenes Sonnenlicht
Ich lasse mich in sie hineinfallen

Ta`saghi

Wenn zwei aufrichtige Menschen
Den geheimen Ort
Den Wohnsitz der Ta`saghi betreten
Werden die uralten
Zauberischen Kräfte entfesselt
Und kein Stein in ihren Seelen
Wird auf dem anderen bleiben
Schwarzer und goldener Seelensand
Wird sich vermischen
Und dem Zauber dieser Menschen
Wird Nichts und Niemand
Mehr Einhalt gebieten können

Teehaus

Du bringst den Leuten Tee
Und andere Köstlichkeiten
Schön wie ein Traum bist Du
Wie viele sich wohl täglich
Heimlich in Dich verlieben
Und dann Deine Stimme
Als Du mir sagst,
Dass Bananentee besser nicht
Mit Sahne getrunken wird
Unten auf dem Kassenzettel steht
ULRIKE
Was Du wohl gerade jetzt denkst
Es gibt Augenblicke
Da bleibt die Zeit
Für eine Millionstel Sekunde
Stehen
Und bleibt unvergessen

Für eine Märchenfee

Wer eine Stimme hat wie du
Sollte nur noch
Magische Formeln sprechen
Um alle Menschen
Die ganze Welt
Zu verzaubern
Sie ganz klein zaubern
Und mit deinen Händen wärmen
Bis sie alle wieder träumen können
Und auf dem Regenbogen tanzen

Ich möchte mit dir

Ich möchte mit dir
Auf die kleine Insel im Meer reisen

Ich möchte mit dir
Dort auf den alten Leuchtturm klettern
Und die im Mondlicht
Glitzernde Meeresoberfläche bewundern

Ich möchte mit dir
Mit nackten Füßen
Am Strand durch den Sand laufen
Und gegen den stürmischen Wind lachen

Ich möchte mit dir
In der Stille der Nacht
Aus purer Lebensfreude
Auf einem leuchtenden
Regenbogen tanzen

Ich möchte mit dir
in einer Wolke aus Sternensand verschwinden
Hinein in unser eigenes Märchen

Ich möchte mit dir
Den blauen Kristall der Zauberberge suchen
Und den Schlüssel von Atlantis

Ich möchte mit dir
Auf dem letzten Einhorn
Zum See der schlafenden Träume reiten

Ich sehe in deine Augen
Sie sind so dunkel und schön
Wie das Weltall
Und Tausende kleiner Sternchen
Funkeln darin

Magische Hände

Viele Menschen
Können die Seelen
Anderer Menschen zerbrechen
Sie zerbrechen in viele Stücke
Und sind dann
Für alle Zeit verloren

Nur ganz wenige Menschen
Können mit ihren Händen
Diese verkümmerten Seelenstücke
mit großer Vertrautheit zusammenfügen
Diese liebenden Hände halten dann
Die Seele zärtlich ganz behutsam
Bis auch die letzten Wunden verheilt sind

Was wohl geschieht
Wenn sich die Hände zweier Menschen
Berühren die diese Gabe besitzen?
Wenn sich diese vier Handflächen
Aufeinanderlegen
Wird es keine Zeit mehr geben
Keine Angst und keine Traurigkeit
Keine Sehnsucht keine Einsamkeit
Und kein Heimweh

Auch diese Menschen haben Seelen
Die der Heilung bedürfen
Sie können anderen Menschen helfen
Aber sich selbst helfen können sie nicht

Was hast du nur mit mir gemacht?

Was hast du nur mit mir gemacht?
Du bist der letzte Gedanke
Bevor ich nachts in
Einen unruhigen Schlaf falle
Und du bist der erste Gedanke
Wenn sich morgens das erste Licht
Des beginnenden Tages mit den
Verworrenen Träumen der Nacht vermischt

Was hast du nur mit mir gemacht?
Ich habe jedes Mal Herzklopfen wenn
Das Telefon klingelt
Das tristeste Regenwetter finde ich
Schrecklich gemütlich
Zeit zum Gedichte schreiben
Zeit zu begreifen dass ich lebe

Was hast du nur mit mir gemacht?

Goldenes Licht

Goldenes Licht
Strahlen deine Hände aus
Wenn sie mich berühren
Warm und wohlig
Es ist aber viel mehr
Als das
Deine Hände sind
Voller Güte
Die vieles heilen können
In nur einem Augenblick

Mein Wunder

Jeder Mensch ist
Ein Wunder
Für einen anderen Menschen
Ob ich dein Wunder bin
Weiß ich nicht
Aber du bist
Mein Wunder

26 °C

Eine wahre aufrichtige Freundschaft
Rechnet nichts gegeneinander auf
Sie hält bei Sonne und Regen
Sie hält bei einem lauen Sommerwind
Sowie bei einem eisigen Schneesturm
Eine solche Freundschaft ist unantastbar
Sie trägt, beschützt und heilt
Sie drängt sich niemals auf
Ist immer da für beide Seiten
Und der Strom der Zeit
Kann ihr nichts anhaben

Zwischen Tag und Traum

Es gibt einen kurzen Augenblick
Zwischen Träumen und Wachen
An dem alles Erträumte möglich ist
Unterschätze diesen Moment nie
Es ist die Stimme deines Herzens
Die zu dir spricht
Du erfährst
Mit welcher Seele
Sich die deine verbunden hat
Reine Herzenswärme fließt
Güte Vertrauen Schutz Mitgefühl Freude
Für deine und die andere Seele
Ohne zu fordern
Ist es einfach da und es ist gut so
Es ist an diesem Ort nicht laut
Leise ist es und bedarf keiner Worte

Perfekter Augenblick

Es ist ein perfekter Augenblick
Wenn man sagen kann
Ich habe DICH wirklich gesehen
Nicht das Bild
Dass ich mir hätte von dir machen können

Ich habe deine Seele gesehen

Sternenlicht

Eine leise
Doch machtvolle Musik
Getragen vom Gesang
Einer kristallklaren Stimme
Wehte sanft über den Bäumen
Und sang von so geheimnisvollen Dingen
Wie dem Licht der Sterne
Und von Orten
An denen Zeit
Nicht einmal ein Wort ist

Der Beginn einer Geschichte

Die Schneeflocken fielen wie kleine Wattebäuschchen auf eine friedvolle Welt der Stille. Sie schienen bei der Berührung mit den Zweigen und Ästen leise und geheimnisvoll zu wispern. Dort, wo der Winterwind die Flocken vor sich herwirbelte und zu Schneewehen auftürmte, war das Wispern eindringlicher, drängender, aufgeregter. Nur ein geübtes Auge hätte sie bemerkt, die kleinen goldenen, blauen und grünen Funken, die sich zwischen den Schneeflocken tummelten und sich mit ihnen zu unterhalten schienen.

(aus meinem Buch „Siamsarah und die Kristallflöte“ ISBN: 9783734752247)

Die Fortsetzung einer Geschichte

Ja, dieser Ort war so etwas wie das Ende der Welt –
eines von vielen möglichen Enden der Welt: einsam,
bizarr, aber von einer atemberaubenden Schönheit, die
eigentlich nur in Träumen vorkommt. Die Wellen des
Meeres brachen sich am Strand an leuchtend blauen,
kristallklaren Eisblöcken, die auf schwarzem Sand aus
Lavaasche lagen und unwirklich schienen. In den
blauen Eisgrotten unter den Gletschern erklang eine
geheimnisvolle Musik, die von Instrumenten unbe-
kannter Bauart erzeugt wurde und einen Menschen so
tief in der Seele berühren könnte, dass er für lange
Zeit in tiefem Frieden leben würde, wenn seine Ohren
sie nur hätten hören können.

(aus meinem Buch „Siamsarah und die Kristallflöte"
ISBN: 9783734752247)

Unendlich tief

Siamsarah war wunderschön. Ihr ebenmäßiges Gesicht hatte etwas, was nicht von dieser Welt war, als hätte *ETWAS* sie angeblickt und ihr eine überirdische Schönheit geschenkt. Ich setzte mich zu ihr und nahm sanft ihre Hand, die sich warm und vertraut anfühlte, in meine Hände. Ihre Wärme strömte in mich und es wurde hell in mir – ein goldenes warmes Licht erfüllte mich. Ich stieg endlos lange hinab in eine Tiefe, die keinen Grund, kein Ende, keinen festen Boden zu haben schien. Bis dann eine zarte Stimme leise sagte: „Da bist du ja endlich!"

(aus meinem Buch „Siamsarah und die Kristallflöte"
ISBN: 9783734752247)

Das Lied des Seins

Manchmal sitze ich an einen großen Stein gelehnt
Am Ufer des Sees
Über mir ein leuchtender Sternenhimmel
Nicht immer ist Frieden in mir
Aber in den wenigen Augenblicken
Vollkommener Stille
Kann ich sie hören
Kann ich sie fühlen
Sie kommt von den Sternen
Aus den Tiefen der Erde
Aus den Steinen
Aus uralten Bäumen
Und vibriert in meinem Herzen, wenn ich hilflos bin
Die stille und doch machtvolle
Große Musik des Seins singt ihr Lied
In diesen Momenten ist alles mit allem verwoben
Auch kleinste Dinge ergeben einen Sinn
Nichts geschieht zufällig
Zuversicht ist in mir
Die Sterne weben zu dieser Musik
Ihr uraltes Muster aus Raum und Zeit
So war es immer schon

Wir haben nie darüber gesprochen
Aber wenn ich dich ansehe
In deine Augen sehe
Weiß ich, dass du diese Musik auch
Manchmal hören kannst.

Theo Gremme

Kurzgeschichten
und Vortragsskripte

Heinz-Theodor Gremme
Heilpraktiker, Autor & Dozent

Multimedia-Autorenlesungen
und Vorträge

Titel und Bezugsquellen:
www.theo-gremme.de

Vorträge:
www.naturheilpraxis-gremme.de